Naiem Ahmadinejadfarsangi

Mohammad Hossein Yusuf Elahi

Naiem Ahmadinejadfarsangi

Mohammad Hossein Yusuf Elahi

Mystiker der Stadt Kerman

Goldene Rakete Verlag für Belletristik

Imprint

Cover image: www.ingimage.com

Publisher:
Goldene Rakete Verlag für Belletristik
is a trademark of
Dodo Books Indian Ocean Ltd. and OmniScriptum S.R.L Publishing group
Str. Armeneasca 28/1, office 1, Chisinau-2012, Republic of Moldova, Europe
Printed at: see last page
ISBN: 978-620-0-52106-4

Mohammad Hossein Yusuf Elahi

Mystiker der Stadt Kerman

Naiem Ahmadinejadfarsangi

Contents

leichte Briese

Ich betrete die Gassen meiner vergangenen Erinnerungen. Ich drehte meinen Kopf und sah einen vertrauten Fremden. Er rief mich von weit her an und lachte über meine Schreie.

Er hatte sein Herz verloren und mich verlassen; Aber er war immer noch in meinen Erinnerungen präsent und ich lebte mit ihm mit bitteren und süßen Erinnerungen in meinem Kopf; Der Gedanke und das Leben eines Traums, Eri, aller Neigungen.

Ah... es war alles nur ein Traum. Er war weg und ich musste glauben; Glauben Sie ihm zu gehen.

Er war weg und hat mich allein gelassen. Allein am unruhigen Ufer dachte ich an falsche Träume.

Das Meer war unruhig wie ich; als hätte ihm die Welt das Leben genommen; Es war, als ob die Welt ihn tötete und das Meer ihm Leben schenkte.

Er war auch seines ganzen Lebens überdrüssig. Falsche Worte, falsches Leben und letztendlich falsche, unvollendete Träume.

Das neue Jahr kommt und die Erde atmet wieder auf und die Zugvögel kehren von ihren Reisen zurück; Aber leider hat der Reisende die Last der Reise nach Jahren des Wartens noch nicht abgelegt. Wir wollten den Staub der Traurigkeit aus dem Herzen schütteln, als wir die alte Wunde des Abschieds erreichten. Wir wollten ihn wie jedes Jahr mit Tränen heilen, aber wir erinnerten uns an den letzten Vers des Ghazal Dashneh Faraq, der sagte: Mein Herz weinte wegen des Trennungsschmerzes. Wieder haben wir verstanden, dass es keinen Staub gibt, der darauf wartet, von einem müden Herzen entfernt zu werden, bis die Wunde des Abschieds. Möge diese alte Wunde mit dem Kommen des guten Imams geheilt werden, damit wir die Heimat unserer Herzensbewegung erreichen können.

Himmlische Linien

Fässer! Du, der mich erschaffen und mir das Leben geschenkt hat; Ich verehre dich und wir suchen Hilfe nur bei dir. Mein Gott! Das Haus der Welt ist wie das Wasser des Meeres, je mehr ein Durstiger davon trinkt, desto durstiger wird er. mein Gott Lass mich nicht vom Durst der Welt überwältigen

Fässer! Gib mir die Fähigkeit, demütig zu sein; Denn Demut ist die Zusammensetzung der Weisen; Und gib mir eine Chance zum Nachdenken; Denken ist eines ihrer Zeichen.

Fässer! gib mir Güte und begleite mich in der Welt mit religiösen Menschen; dass der Umgang mit ihnen die Ehre dieser und der nächsten Welt ist.

Herr! Mach mich zu einem der Weisen, denn die Weisen lügen nie, auch wenn es nach ihrem Willen ist, und überlasse mich mir selbst, damit ich nicht bei einer Lüge erwischt werde.

Fässer! Lass mir die Welt kostbar erscheinen, damit ich einer deiner wertvollsten Diener sein kann.

Gott! Ich weiß genau, dass jemand, der seine Brüder und seine Familie gut behandelt, ein langes Leben haben wird.

So gewähre mir diesen Segen, damit ich mich eines gesegneten und langen Lebens erfreuen kann.

Mein einziger! Wut ist der Schlüssel zum Bösen; Wende mich davon ab, damit ich zu den Rechtschaffenen gehöre.

O Herr! Gib mir all deine Güte; Unter ihnen gute Laune, was das Attribut der vollkommensten Gläubigen ist.

meine Liebe! Denken und Planen sind das halbe Leben; Geben Sie mir also mehr Zeit zum Nachdenken, damit ich mich jeden Tag um meine Taten kümmern kann.

Göttlich! Ich möchte immer auf dich achten und vor dir im Geheimen und in der Öffentlichkeit demütig sein.

mein Gott! Machen Sie es so, dass ich, wie Ali (Friede sei mit ihm), Gerechtigkeit walte und Ärger und Vergnügen nachgebe.

Herr! Verlasse meine Welt nicht wegen meiner Religion, oder verliere meine Religion nicht um der Welt willen.

Gott! Beweise mich von Faulheit und Faulheit; die die Vorteile dieser Welt und des Jenseits zerstört und Sie vor Arroganz und Selbstgerechtigkeit schützt; dass, wenn es Stolz in meinem Herzen gibt, ich keinen Platz im Himmel haben werde.

Gott! Halte mich von Gier fern und entmutige mich von dem, was in den Händen der Menschen ist; Dieses Verlangen ist der Schlüssel zur Demütigung, es stiehlt den Intellekt, nimmt uns die Männlichkeit und gefährdet unsere Augenbrauen.

In der Hoffnung auf deine unendliche Barmherzigkeit, o Barmherziger!

der Anbetung würdig

Gott! Wenn ich dir gehorche, verdienst du Dank, nicht ich; Und wenn ich rebelliere, hast du Beweise gegen mich. Um Gutes zu tun, wird nichts für mich oder andere getan, es sei denn, Sie tun uns Gutes. Du, der du vor allem warst und der Schöpfer von allem! Du bist zu allem fähig.

Gott! Ich suche Zuflucht bei dir, damit ich mich im Moment des Todes nicht von der Wahrheit zur Falschheit wende und mein Leben unter den Menschen der Falschheit aufgebe; Und ich suche Zuflucht davor, im Moment des Schlafens im Grab plötzlich zum Bösen zurückzukehren; Und ich suche Zuflucht bei dir vor Reue und

Reue am Tag des Gerichts. Ich bitte Sie, Muhammad und seine Familie zu segnen!

Ich bitte dich, mein Leben rein und frei von Ohnmacht zu machen und meinen Tod zu einem guten Tod und meine Reise ins Jenseits edel und fern von Scham und Schüchternheit. [Ich bitte Sie], wenn ich diese Welt verlasse, demütigen Sie mich nicht und ich werde nicht blamiert und entehrt.

Gott! Sende Segen auf Muhammad und seine Familie, die Imame waren, Quellen der Weisheit, Wächter deiner Segnungen und Unfehlbare, [und] beschütze mich vor allem Bösen für ihre Heiligkeit. In Momenten der Unwissenheit und des Stolzes werde ich plötzlich überrascht. Denn deine Vergebung gehört immer denen, die sich selbst Unrecht getan haben, und ich bin einer der Übeltäter.

Gott! Gewähre mir Segnungen, die dir niemals schaden und deinem Gott nicht schaden werden. dass du der Gott bist, dessen Barmherzigkeit weit ist und dessen Weisheit beispiellos und einzigartig ist. Gott! Gib mir viel Nahrung, Sicherheit, Frieden und Gesundheit. Schenke mir Demut, Zufriedenheit, Dankbarkeit, Freiheit vom Bösen, Frömmigkeit und Geduld und Wahrheit und Wahrhaftigkeit dir und deinen Freunden gegenüber ... und schenke mir Leichtigkeit. .. Gott, gewähre all diese Segnungen meiner Familie sowie meinen Kindern, meinen Brüdern, meinen religiösen Brüdern und allen, die ich liebe und die mich lieben, und meiner Generation und meinen Vorgängern, die Muslime und Gläubige waren.

verwandle mich in Schnee

Gott! Dieser weiße Schnee, der für den bunten Boden seltsam ist, hat alle Momente ruhig und friedlich gemacht. Gott! Dieser Schnee ist ein anmutiges Hemd, um die ganze Erde zu färben ... In diesen Momenten der Stille der Vögel, in diesen Stunden blattloser Gärten und Bäume danke ich Ihnen, dass Sie den Tod der Natur zum Auftakt einer weiteren Auferstehung gemacht haben. Ich lobe dich, dass du ein so weißes Zelt über alle Bäume gespannt hast, um diese Jahreszeit der Unschuld in meinen Augen in einem neuen Bild reizend zu machen. Gott! Wie schön hast du die Bäume zur Braut der Gärten der Erde gemacht und wie schön hast du die Dächer der Häuser in der friedlichen Farbe des Friedens gemacht. Tausende von Lobpreisungen und Grüßen an die Hände deiner Macht!

mein Gott! Mögen meine Momente in dieser schmerzhaften Kälte von deiner Liebe ermutigt werden! Möge der Herd meines Rückzugs mit den Flammen deines liebevollen Blicks brennen! Ich hoffe, dass der Glanz deiner Fürsorge die Lampe meines Hauses nicht erlöschen lässt und die Wärme deiner Freundlichkeit die Wärme meines Lebens im Kampf mit den Giften dieser Jahreszeit nicht allein lässt. Herr der Zeit! Gott verwandelt Monate und Jahreszeiten! Es liegt an mir, Ihren unbesiegbaren Ratschlag zu entdecken, sogar in dieser spatzenlosen Jahreszeit. Selbst in diesen stillen Tagen möchte ich deine schöpferische Weisheit sehen; Wie hält man die Hoffnung auf ein Wiedererblühen in schneebedeckten Zweigen am Leben? Gott! Danke, dass die Krähen des Winters nicht die Boten schlechter Nachrichten sind, sondern diejenigen, die nach Libyen gezogen sind ... die Trauernden der Sehnsucht der Schwalben ... die mich an deine liebevolle Schöpfung erinnern, die die Liebe betonen, auch wenn sie es ist ist auf eine Reise gegangen, wenn es fehlt, auch wenn es fehlt, wird es vergessen, sollte nicht mitgenommen werden

Hallo Winter! dass mein Gott ihn zur Ekstase der Pflanzen und zur Beruhigung der müden Wurzeln gesandt hat. Grüße an den Schnee, der das Leben nach Hause schickt, an die Harmonie der Flammen des Ofens ... damit die voneinander getrennten Seelen näher beieinander innehalten und das Zusammensein unter einem kurzen Dach nicht vergessen; Damit die Augen der Angehörigen nah beieinander sitzen und ein wenig abseits der Straßen und des Trubels der Rush Hour sind.

Gott! Schnee ist ein guter Teppich, um deine Reinheit zu preisen ... Es ist ein friedliches Gemälde, das man mit schläfrigen Augen betrachten kann...

Gott! Ich will die Reinheit dieses weißen Engels über alle Dunkelheit der Welt. Verstecke das blutige Gesicht der Erde und das verwundete Gesicht der Erde für eine Weile hinter dieser schönen weißen Maske, damit sie eine Salbe für alle schlechten Launen dieser Welt wird ...; Möge es die wohltuende Medizin für all die schmerzhaften Höhen und Tiefen der Erde sein.

O allwissender Gott!

Herr! O heilige Weisheit! Reine Wahrheit! Du bist allwissend! Ich schweige vor dir und deinem endlosen Wissen, dass ich nichts weiß und alles Wissen dir gehört. Gott! Ich bin völlig unwissend, lass mich von deinem Wissen profitieren! Ich bin eine endlose Unwissenheit, trink mir einen Tropfen aus dem Meer deines Wissens! Gott! Ich schweige vor dir und du weißt, dass dieses Schweigen nicht aus Mangel an Not und Wertlosigkeit herrührt; Diese Stille ist die Stille des Staunens und der Hilflosigkeit; Das Schweigen der Unwissenheit erstickt angesichts des unendlichen Wissens. Das Schweigen der Unwissenheit ist rein vor ewiger

Weisheit und Weisheit, das Schweigen der Schwäche ist immer vor ewiger Macht...

O allwissender Gott! Lass mich mit dieser Ignoranz im Land der vielen Fragen nicht allein, uninformiert und unwissend! Ich strebe danach, alle Wahrheiten der Schöpfung zu kennen. Ich suche Antworten auf alle Fragen. Du bist der Einzige, der das Offensichtliche und das Verborgene kennt. Sie sind der einzige, der die Antworten auf alle unbeantworteten Fragen hat. Lass mich nicht unbeantwortet...! Lass mich nicht unwissend und ohne Wissen! Wenn ich deines unendlichen Wissens beraubt werde, wenn deine unendliche Weisheit meine Verwirrung nicht aufhält, werde ich zugrunde gehen und nichts wird von mir übrig bleiben. Gott! Ich möchte nicht, dass Iblis von meinem

Treffen überrascht und ahnungslos ist und mich mit seinen falschen Nachrichten von der Wahrheit abbringt! Lass mich auf der Suche nach Wissen und Wahrheit nicht durch die Pfade der Dunkelheit und Täuschung gehen und sehe meinen Fehler als Führung und betrachte meinen Fehler als gut!

Wenn Zweifel und Dunkelheit meine Sicht trüben und Unwissenheit und Ungewissheit mir das Leben schwer machen, kommst du zu meinem Schrei und bist mein Wissen, damit ich den richtigen Weg vom falschen Weg unterscheiden und die beste Wahl treffen kann. Gib mir Zuflucht, damit ich mich vor den Übeln und Fehlern und sogar vor meiner eigenen Bosheit und Unwissenheit in Dir zu Dir wenden kann!

mein Gott! Du bist unendliche Weisheit und ich bin unendliche Unwissenheit. Deshalb schweige ich in Ihrer Gegenwart und konzentriere mich nur auf das, was Sie wissen; Denn Ihr Wissen und Ihr Plan sind die besten Pläne. Du machst keine Fehler, dein Wissen ist fehlerfrei und du hast immer die besten Antworten für jedes Rätsel.

Gott! Ich mag, dass dein Gott ewig ist. Ich freue mich, dass du alle Wahrheiten kennst und wenn ich nichts weiß, bitte ich dich um Wissen! Ich freue mich, dass du der weise König der Welt bist und du von dir gerufen und gefragt und um Wissen gebeten werden kannst! Ich freue mich, dass Ihr Wissen endlos ist und kein Vorfall auf der Welt den Rahmen Ihres Wissens übersteigt. Gott! Hör meine Stimme; Die Stimme von jemandem, der nichts weiß und die Hand auf deinem Schoß, der alles weiß; Seine Stimme ist unwissend und fordert einen Tropfen Wissen aus dem Ozean des Wissens. Gott! Ich bin eine unwissende Person, die es schon immer wissen wollte. Bring mich zu meinem Traum.

Sonne

Göttlich! Ich stehe allein ohne dich. Alle Türen der Welt werden mir ohne dich verschlossen bleiben.

Göttlich! Meine Hände gehen nicht über den Bereich deines Gebets hinaus; Also antworte mir, dass meine Hände nicht daran gewöhnt sind, jemand anderen als dich zu brauchen.

Göttlich! Ich bin seit Jahren von dir weg, ich habe mich verirrt, es gibt keine Vögel um mich herum.

Meine Fenster sind von der Sonne blockiert und der Mond fließt nicht von der Veranda meines Hauses. Ich bin wie ein schmaler Fisch, der im schmalen Wasser feststeckt; Ein kleiner Fisch, der weit weg vom Meer deiner Güte ist.

Göttlich! Ich möchte, dass das Dach meines Hauses nicht mehr nach Tauben riecht, ich möchte, dass sie mein Bild vergessen! Göttlich! Willst du nicht, dass ich in meiner Einsamkeit verrotte, weg von deiner Erinnerung; Es ist, als hättest du einen Rost, der hinter einem Staub des Vergessens sterben wird.

Göttlich! Wenn du mein Freund bist, wohin soll ich mich wenden Wohin ich mich auch wende, dein Duft erfüllt mich.

Göttlich! Fülle die Hände meines Herzens mit regnenden Sternen, damit ich meine dunklen Nächte mit deiner Erinnerung erhellen kann.

Zwischen mir und deiner Erinnerung liegen Meilen; Lass mich dich lesen, damit ich dir so nah sein kann wie Tausende von Sonnenjahren.

Göttlich! Du, der du mich nie vergisst, und ich bin ein unbedeutendes Teilchen vor der Sonne deiner unendlichen Güte oder deines Lichts!

Tauche mich in dein absolutes Licht ein, dass ich dunkel bin.

O Barmherziger

Göttlich! Ich rufe dich im gegenwärtigen Flüstern meines Lebens an, im ständigen Kampf meines Lebens.

Göttlich! Ich bin von dir und ich werde zu dir kommen. Welches Tor führt mich zu dir? Welches Flüstern bringt mich zu Momenten mit dir?

Ich bin verwirrt über die Sekunden eines jeden Tages; Ängstlich und in Eile suchen wir dich. Wer außer dir ist für mich da!?

Wenn alle Türen geschlossen sind, wenn die schwarzen Vorhänge der Verzweiflung die hellen Horizonte verdunkeln, wenn niemand nach mir ruft, sehe ich nur dich.

Ich habe meine Seele dem Strom der Quelle deiner Gnade hingegeben, ich möchte klar sein. Ich möchte kochen und die innere Kälte mit der Wärme deiner Anbetung beseitigen.

Gott, jetzt bin ich meiner selbst überdrüssig und schließe mich dir an.

Göttlich! Ich will die weißesten Herzen

Ruf mich an!

Du bist groß

Mein Gott! Wie hilflos deine Zunge im Gebet ist und wie dringend deine Tränen sind.

Du weißt sehr wohl, wie klein ich bin; so sehr, dass ich deine Größe nicht sehe; Also vergib mir so groß wie du bist und vergib mir in deiner Demut!

Mein Gott! Ich weiß, dass Veilchen dein Haus kennen; Ich weiß, dass die Anemonen deinen Weg kennen, und ich weiß, wie sehr die Jasmine ihre Hemden von deinem Duft ausgezogen haben, dass sie den Hof aller Häuser würdig gemacht haben, deine Gegenwart zu verstehen; Hilf mir, die Zeichen deines Wesens für mich zu finden!

Gott! ich weiß du bist Der Regen weiß auch, dass du es bist; So sehr, dass ihr Rock voller Duft von Matten, Rosenkränzen und Sternen ist. Die Berge sehen dich und die Flüsse flüstern von dir in der Leidenschaft jedes Vorhangs; Aber wie kann ich dich lesen?

Ich stehe, lass mich dich sehen; Wenn sich die Größe deines Blicks im kleinen Kristall des Regens manifestiert und die Eleganz deiner Macht sich auf den Flügeln des Adlers manifestiert.

Mein Gott! Wenn du mir den Käfig zeigst, bring mir das Fliegen bei.

...und meine Augen sind voller Mondlicht.

...und wie sehr meine Augen dich lieben.

Mein Gott! Oh, die Mutter meines Blicks und mein einziger Schöpfer!

Gott

An jenem Tag, als du die klare Seele deiner Hülle dem Körper meines irdischen Daseins schenktest, eines Daseins, das voller Licht und Leidenschaft war, an jenem Tag, als ich dich nur ansah, um den Weg in diesen Abgrund zu ertragen und zu vergessen Schmerz der ewigen Trennung An jenem Tag, nur mit dieser Hoffnung, trugen meine zitternden Schultern die Last des Vertrauens, dass sie sich sehr bald deiner göttlichen Tür anschließen wird.

Gott! Mein irdisches Dasein sehnte sich danach, dich wiederzusehen, als es seine Augen öffnete, um die Welt zu prüfen; Also lass dieses Wesen, das an dich gebunden ist, nicht allein.

Gott! Meine zitternden Zeichen und ängstlichen Schritte bleiben fest bei deinem Namen; Lass ihn nicht von unangebrachtem Stolz schwächen.

Gott! In dieser Zeit, in der alle das Fliegen vergessen haben, hilf mir, das Laufen nicht zu vergessen.

Gott! Lass nicht zu, dass falsche Wünsche die Ehre der Kreaturen verspotten!

Gott! Hilf mir, das Jenseits nie zu vergessen und mich nicht vom Schein verführen zu lassen.

Gott! leihe mich mir selbst; Nicht einmal einen Augenblick.

Gott!

Ich kann nicht bei dir sein Alle meine Momente sind voll von dir. Sie bestimmen das Aufblühen des Samens; Wie der Frühling, der kommt und bestimmt, wie der Baum blüht.

Ich bin das Bild, du bist der Spiegel; Ich bin der Regen, du bist der Himmel; Ich bin ein Fisch im Fluss; Ich bin ein Boot im Meer; Ich bin ein Baum, du bist der Frühling; Ich bin ein Teilchen, du bist die Sonne.

Ich habe erschaffen, du bist der Schöpfer; Ich darf in Wahrheit; Ich bin Pluralität, du bist Einheit ... und ich bin möglich, du bist absolut...

Wirst du mich aus dem Himmel vertreiben? du bist mein Himmel Ich bin meine eigene Hölle; Suzan Suzan; Ich werde zum Himmel, wenn du nur in meinem Herzen bist.

Befreie mich vom Gedanken an Himmel und Hölle! Trenne mich von der Last des Fegefeuers!

Ich möchte nur an dich denken. bei dir sein und sich in dir auflösen; Wie ein Tropfen in den Ozeanen der Welt und wie ein Stern in der Galaxie. Ich weiß, dass ich es nicht wert bin, so offen mit Ihnen zu sprechen, aber ich denke, wenn ich es nicht wert war, warum haben Sie mich zu sich gerufen und gesagt: (Ruf mich an, damit ich dir antworte).

Du bist größer als derjenige, der den Schmerz meines Herzens nicht hört und mir keinen Weg vor die Füße legt.

Gott!

Wenn Sie mich bitten, im Feuer verbrannt zu werden, wird jedes Stück meiner Asche bezeugen, dass ich Sie liebe, und wenn Sie mich bitten, in tausend Stücke geschnitten zu werden, wird jedes meiner Stücke die Zunge öffnen, um Sie zu preisen. Was ist Schicksal?! Mustajeb Etsham oder!?...

O ewiger und ewiger Geliebter!

Ob ich dem Feuer oder dem Himmel gehöre, ich liebe dich. Ich weiß nicht, wann und wo, du hast mir einen Schluck des feurigen Wassers des Lichts der Liebe gegeben, und ich floss von (Balkh) nach (Quniyeh), im östlichsten Hören der Momente, und ich sprach über dich (Maulavi) und in (Shams) verschmolz ich mit deinem Wesen.

Ich weiß nicht, warum jede Geschichte, die ich lese, von deiner und meiner Liebesgeschichte handelt. Ich weiß nicht, warum ich überall hinschaue, ich sehe dich und ich weiß nicht, warum mir heutzutage alle Spiegel nur dich zeigen.

In der reinen Helligkeit welcher Sonne sollte ich staubig stehen? Mein Mund ist erfüllt vom Duft der Worte.

Herr! Oh, du bist die Fähigkeit, mich zu verhaften, wenn ich meine Hilflosigkeit im Ofen der gegenüberliegenden Straßen ohne jeden Schutz aufschreie, wenn die Mauern der Rebellion auf meine Schultern fallen, wenn keine Laterne die Dunkelheit erleuchtet, die über meinen Säulen hängt ; Spielst du mit Anmut?

Gott! Ich bin es leid, mich mit der Sünde infizieren zu lassen, ich lege meinen Rucksack ab, meine Füße schmerzen beim Gehen und meine Schritte wandern ziellos in den schmutzigen Gassen der Erde.

Gott! Mach mich entschlossen, dich zu erreichen, außer deiner Gnade wird kein Fenster des Himmels geöffnet, damit meine müden Flügel es wagen können zu fliegen.

Gott! Diese vielen Tage, diese atemlose Luft, diese verdichtete Erde, dieses nutzlose Hab und Gut, all diese Fesseln, all diese Käfige und all dieser verworrene Himmel machen mich wahnsinnig.

Verrückt, nimm einen Schluck aus der Tasse deiner Liebe; Ich bin verrückt nach dem Duft des Paradieses, der mich betrunken macht.

Herr! Im Feuer deines Zorns zu denken, zerstört mich; Lass mich nicht ohne Unterstützung gehen!

Lass meine Stimme nicht in den dunklen Gängen deiner Sinnlichkeit widerhallen!

Gott! Liebe Karim! Ich werde die Last der Sünde abwerfen, und der Frühling wird einer nach dem anderen blühen, ich werde nicht in meinen Händen sitzen, wenn ich an dich denke; Zu Ihrem Vergnügen, zu Ihrer Zufriedenheit und um Sie zu erreichen.

Gott! Außer dir hört niemand meine Schmerzen und ich habe keine Verhaftung außer dir.

Wir kommen zu Ihnen

Gott! Meine Schmerzen sind zahlreich und Schulter an Schulter Einsamkeit, das Fenster auf meiner Schulter trennt sich von dir. Meine Füße sind erschöpft auf den Felsen, um dich zu erreichen, und mein Wesen ist erschöpft von dem Durst, dich zu sehen. Ich spüre deinen Geruch in den Fußstapfen deiner Propheten, als sie nach Jahrhunderten die Straßen der Erde bereisten, um deine Botschaft zu überbringen.

Ich finde dich im Feuer, das den Körper Abrahams kühlte, Friede sei mit ihm, auf dem Deck der Arche Noah, mitten in den Mangrovennächten, im Atem Jesu, Friede sei mit ihm, wenn du auf die Toten bläst Körper.

Herr! ehrgeizig; So sehr, dass meine Worte dich nicht ausdrücken und preisen können.

Freundlichkeit, so dass ich nur im Schatten des Sterns ruhe, du bist vergebend und zurückhaltend. Ich weiß, dass du nicht willst, dass ich hinfalle und dass du meine Demütigung nicht magst.

Mein Gott! Meine Hände sind verwundet von der Suche nach dir. Ohne dich anzusehen, werde ich in den tiefsten Sümpfen versinken. In welchem Moment kann ich sagen, dass du mir nicht zu Hilfe gekommen bist und meine sternenlosen Nächte erhellst!?

Gott! Akzeptiere mich und gib mir Kraft, solche dunklen Tage mit der Sonne des Lichts und der Hoffnung zu verbinden.

Nimm meine Hand und gib mir eine Stimme, damit ich die Worte schreien kann, die in meiner Kehle stecken bleiben.

Wer außer dir versteht die Tiefe meiner Leiden und hört mir zu?

Welches Auge, während du dich um mich sorgst, hat eine Meinung über mich?

Welche Salbe heilt die Wunden meiner Seele? Wie du die Wunden meines Herzens heilst?

Ich rufe dich, wir kommen zu dir und ich glaube, dass die einzige Zuflucht meiner Einsamkeit der sichere Schutz deiner Fürsorge ist.

süße Erinnerung

Schöpfer! Seit einiger Zeit hat die Süße deiner Anbetung meine Seele verlassen und mein Herz, das deine Leidenschaft im Vorhang hatte, steckt im Schlamm fest, ich fühle, dass meine Seele voller Staub ist, ich fühle dieses Sein und Nichtsein mehr macht keinen Unterschied.

Schlimmer als das! Ich fühle, je länger ich bleibe, desto größer wird die Dunkelheit meines Lebens!

Gott! Wow, das ist heutzutage ein bitteres Gefühl!

Gott! Leben ist Leben, wenn du darin präsent bist; Was ist der Unterschied zwischen der Abwesenheit deines Zuhauses und dem Grab!

Gott! Nimm dich nicht aus meinem Leben, überlass mich nicht mir selbst.

Ich gestehe, dass ich ohne Ihre Verhaftung nicht in der Lage sein werde, die Bürde des Lebens, die Sie mir auferlegt haben, sicher zurückzugeben. Du selbst hast gesagt: (Der Mensch wurde schwach erschaffen); Also warum lässt du mich allein im Hochofen des Lebens? Ich bin schwach, o absolute Fähigkeit!

Gott! Vor all diesen Besessenheiten habe ich Zuflucht bei dir gesucht

Gott! Wie glücklich war dieser Märtyrer, der für einen Moment von deiner Erinnerung berauscht war und durch die Opferung seines Körpers sein Leben für immer befreite und immer auf dem Höhepunkt der Expansion blieb. Tag für Tag nimmt unsere Kontraktion zu; Was tun mit all diesen Kontraktionen?

Gott! Wo sind die hellen Zweige deiner Expansion, um unsere Seele zum Leuchten zu bringen?

Gott! Du bist ein Nazi und ich bin in Not, du bist ein Geheimnis und ich bin in Not; Erfülle meine Seele mit deiner Niedlichkeit und deinem Bedürfnis, lass mich die Süße deiner Erinnerung schmecken.

Oh die süßeste!

Ihr Gedächtnis ist die Quelle von allem; Vergiss mich nicht!

Deine Erinnerung ist die Inspiration der Existenz und dein Vergessen ist nicht derselbe Stein, deine Erinnerung ist die Kerze meiner Seele und dein Vergessen ist Stille; Schalten Sie mich nicht mit Ihrer Vergessenheit ab!

Schöpfer! Du bist einzigartig, unvergleichlich, du bist rein und stolz.

unendliche Liebe

Göttlich! Verwandle mit den Händen deiner Würde die Türme meines Stolzes und meiner Arroganz in einen Haufen Asche der Ohnmacht, damit ich deine erhabene Provinz mit Tränen in den Augen besuchen kann, nicht mit stolzem Gesicht.

Göttlich! Wenn die Helligkeit der Sonne ein Beispiel ist, weiß ich, dass ich nicht schwärzer als mein Herz finden werde.

Göttlich! Ich habe den Weg verloren, um dich zu erreichen, und ich bin in den Verlorenen und Verlorenen gefangen.

Ich habe meine Füße auf dem fruchtlosen Pfad des Irrtums erschöpft und ich habe meinen Körper um den Ofen der Straßen geworfen.

Göttlich! Meine Atemzüge sind gezählt, weil ich nicht bei dir sein will. Meine Organe und meine Gebärmutter schmerzen, dass ich deine heilende Hand vergessen habe.

Oh mein Gott! ich habe mich von dir abgewendet; Aber vergiss mich nicht!

Göttlich! Meine innere Sehnsucht verlangt nach den Fenstern deiner Fürsorge, ich fliege mit meinen Flügeln zu deinem Reich; Nimm mir nicht die Tore deiner Barmherzigkeit weg, denn der namenlose Vogel hat keine Bedeutung.

Öffne die Augenlider dieser unendlichen Leidenschaft auf meinem leidenschaftlichen

Herzen, um aus deiner Unruhe ein Meer zu machen, oh das Ende meiner Hoffnungen!

Gott! Ich werde dich so sehr besingen, dass die Ecken der Zeit mit deinem Namen gefüllt werden, und ich werde so viel über dich sagen, dass nichts als deine Erinnerung bleiben wird.

Göttlich! Ich werde dich nicht vergessen; Obwohl ich stehengeblieben bin, obwohl mein Herz schwarz ist, ist es zu einem Sumpf von Sünden geworden, obwohl der Gestank von Dämonen mein Herz umgibt.

Ach du lieber Gott! Lass mich fließen, lass mich deiner Gnade entgegenfließen, damit ich ein klarer Fluss voller deiner Manifestation werde.

O unendliche Liebe! Lass deinen Namen in meinem ganzen Wesen widerhallen, damit alle meine Zellen dich flüstern. Ich werde grün, wenn seine Hand mein Herz poliert.

Ich werde blühen, wenn ich den Frühling deiner Fürsorge spüre.

Ich werde zum Königreich fliegen, wenn deine himmlischen Hände liebkosen.

Göttlich! Wenn ich von dir wegging, war ich mir sicher, dass deine Tür die Provinz der Barmherzigkeit ist, dachte ich, dass ich zurückkehren würde; Ich dachte, ich würde bereuen, ich dachte, du würdest akzeptieren.

Oh, der Freundlichste der Art, möge ich mein Verlangen nicht im Wind verloren finden!

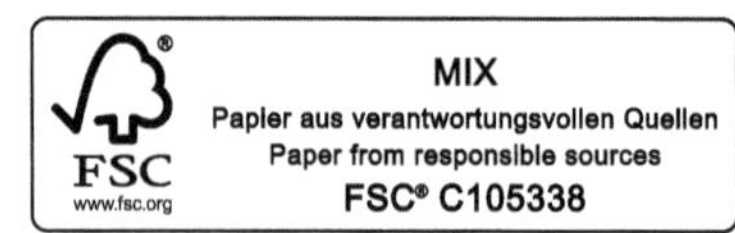

Printed by Books on Demand GmbH, Norderstedt / Germany